Beatrix Potter

Beatrix Potter
99 Cliparts Buch Teil 3

15_Cliparts_Todd.png

von
Elizabeth M. Potter

Inhalt   Seite

99 Cliparts

Bibliografische Information der Deutschen Nationalbibliothek:
Die Deutsche Nationalbibliothek verzeichnet diese Publikation in der Deutschen Nationalbibliografie; detaillierte bibliografische Daten sind im Internet über http://dnb.dnb.de abrufbar.

© 2018 Elizabeth M. Potter 1. Auflage
elizabeth.potter@t-online.de
www.elizabethpotter.de
Facebook
Instagram

Covergrafik, Texte, Bilder, Cliparts: © 2018 Elizabeth M. Potter
Herstellung und Verlag: BoD – Books on Demand, Norderstedt

ISBN: 9783752866063

Die Geschichte vom Eichhörnchen Nutkin

1_Clipart_Nutkin.png

2_Clipart_Nutkin.png

3_Clipart_Nutkin.png

4_Clipart_Nutkin.png

5_Clipart_Nutkin.png

6_Clipart_Nutkin.png

7_Clipart_Nutkin.png

8_Clipart_Nutkin.png

9_Clipart_Nutkin.png

10_Clipart_Nutkin.png

11_Clipart_Nutkin.png

12_Clipart_Nutkin.png

13_Clipart_Nutkin.png

14_Clipart_Nutkin.png

15_Clipart_Nutkin.png

16_Clipart_Nutkin.png

17_Clipart_Nutkin.png

18_Clipart_Nutkin.png

19_Clipart_Nutkin.png

20_Clipart_Nutkin.png

21_Clipart_Nutkin.png

22_Clipart_Nutkin.png

23_Clipart_Nutkin.png

Die Geschichte von den zwei ungezogenen Mäusen

1_Cliparts_bad_mice.png

2_Cliparts_bad_mice.png

3_Cliparts_bad_mice.png

4_Cliparts_bad_mice.png

5_Cliparts_bad_mice.png

6_Cliparts_bad_mice.png

7_Cliparts_bad_mice.png

8_Cliparts_bad_mice.png

9_Cliparts_bad_mice.png

10_Cliparts_bad_mice.png

11_Cliparts_bad_mice.png

12_Cliparts_bad_mice.

13_Cliparts_bad_mice.png

14_Cliparts_bad_mice.png

15_Cliparts_bad_mice.png

16_Cliparts_bad_mice

17_Cliparts_bad_mice.png

18_Cliparts_bad_mice.png

19_Cliparts_bad_mice.png

20_Cliparts_bad_mice.png

21_Cliparts_bad_mice.png

22_Cliparts_bad_mice.png

Die Geschichte von Frau Kleinmaus

1_Cliparts_Mrs.Tittlemouse.png

2_Cliparts_Mrs.Tittlemouse.png

3_Cliparts_Mrs.Tittlemouse.png

4_Cliparts_Mrs.Tittlemouse.png

5_Cliparts_Mrs.Tittlemouse.png

6_Cliparts_Mrs.Tittlemouse.png

7_Cliparts_Mrs.Tittlemouse.png

8_Cliparts_Mrs.Tittlemouse.png

9_Cliparts_Mrs.Tittlemouse.png

10_Cliparts_Mrs.Tittlemouse.png

11_Cliparts_Mrs.Tittlemouse.png

12_Cliparts_Mrs.Tittlemouse.png

13_Cliparts_Mrs.Tittlemouse.png

14_Cliparts_Mrs.Tittlemouse.png

15_Cliparts_Mrs.Tittlemouse.png

16_Cliparts_Mrs.Tittlemouse.png

17_Cliparts_Mrs.Tittlemouse.png

18_Cliparts_Mrs.Tittlemouse.png

19_Cliparts_Mrs.Tittlemouse.png

20_Cliparts_Mrs.Tittlemouse.png

Die Geschichte von Herrn Todd

1_Cliparts_Todd.png

2_Cliparts_Todd.png

3_Cliparts_Todd.png

4_Cliparts_Todd.png

5_Cliparts_Todd.png

6_Cliparts_Todd.png

7_Cliparts_Todd.png

8_Cliparts_Todd.png

9_Cliparts_Todd.png

10_Cliparts_Todd.png

11_Cliparts_Todd.png

12_Cliparts_Todd.png

13_Cliparts_Todd.png

14_Cliparts_Todd.png

15_Cliparts_Todd.png

16_Cliparts_Todd.png

17_Cliparts_Todd.png

18_Cliparts_Todd.png

19_Cliparts_Todd.png

20_Cliparts_Todd.png

1_Cliparts_Townmouse.png

2_Cliparts_Townmouse.png

3_Cliparts_Townmouse.png

4_Cliparts_Townmouse.png

5_Cliparts_Townmouse.png

6_Cliparts_Townmouse.png

7_Cliparts_Townmouse.png

8_Cliparts_Townmouse.png

9_Cliparts_Townmouse.png

10_Cliparts_Townmouse.png

11_Cliparts_Townmouse.png

12_Cliparts_Townmouse.png

2. Teil des Links: **AADbBjje_U1drPN2cqRUHPOca?dl=0**

13_Cliparts_Townmouse.png

14_Cliparts_Townmouse.png

15_Cliparts_Townmouse.png

Clipart Downloadinstruktionen

Bevor du die Instruktionen zum Download der Cliparts liest, bzw. die Cliparts herunterlädst/verwendest, lies bitte zuerst die folgenden Nutzungshinweise für die ordnungsgemäße Verwendung der Cliparts.

Nutzungshinweise für die Verwendung der Cliparts

Die Cliparts wurden von Elizabeth M. Potter erstellt. Bevor du die Cliparts herunterlädst und verwendest, beachte daher bitte das Folgende:

Du kannst die Cliparts für sämtliche deiner privaten Vorhaben oder Projekte wie Präsentationen, Einladungen oder Ähnliches verwenden, aber es ist nicht erlaubt, sie für kommerzielle Zwecke zu nutzen. Möchtest du sie für kommerzielle Zwecke nutzen, so benötigst du vorab eine Erlaubnis von Elizabeth M. Potter (elizabeth.potter@t-online.de).

In diesem Sinne sind Veröffentlichungen, Wiederveröffentlichungen oder Reproduktionen der Cliparts, insbesondere auch des Downloadlinks, durch irgendeinen Service, via Internet oder Grafikservice, ob als Buch, elektronisch oder über irgendwelche andere hier nicht aufgeführte Medien oder Möglichkeiten, ohne vorherige Erlaubnis von Elizabeth M. Potter strengstens untersagt.

- -

Clipart Downloadinstruktionen

Die Cliparts befinden sich in einem Ordner von Dropbox.

Der Zugang hierzu ist durch Eingabe des Downloadlinks in deinen Internetbrowser auf einfache Art möglich. Der Zugriff ist via PC, Smartphone oder Tablet möglich. Die Clipartdateien liegen im png-Format vor. Zur Sicherheit ist der Link in zwei Teile geteilt. Um den kompletten Link eingeben zu können müssen daher die beiden Teile nacheinander ohne Leerzeichen zwischen den beiden Teilen in die Adresszeile des Browsers eingegeben werden.

1. Teil des Links: **https://www.dropbox.com/sh/n1v9by685jrh0zu/**
2. Teil des Links: findest du auf Seite 21 dieses Buches

Weitere Bücher von Elizabeth M. Potter

GESCHICHTEN VON BEATRIX POTTER:	POSTKARTENBÜCHER:
Die Geschichte von Peter Hase	Peter Hase und seine Eichhörnchenfreunde Teil 1
Die Geschichte vom Eichhörnchen Nutkin	Peter Hase und seine Eichhörnchenfreunde Teil 2
Die Geschichte vom Schneider von Gloucester	Peter Hase und seine Hasenfreunde Teil 1
Die Geschichte von Benjamin Häschen	Peter Hase und seine Hasenfreunde Teil 2
Die Geschichte von den zwei ungezogenen Mäusen	Peter Hase und seine Hasenfreunde Teil 3
Die Geschichte von Frau Tiggy-Winkle	Peter Hase und seine Hundefreunde
Die Geschichte von Duchess, Ribby und den Pasteten	Peter Hase und seine Katzenfreunde Teil 1
Die Geschichte von Herrn Jeremy Fischer	Peter Hase und seine Katzenfreunde Teil 2
Die Geschichte vom bösen Hasen	Peter Hase und seine Mausfreunde Teil 1
Die Geschichte von Frau Moppet	Peter Hase und seine Mausfreunde Teil 2
Die Geschichte von Tom Kätzchen	Peter Hase und seine Mausfreunde Teil 3
Die Geschichte von Jemima Watschelente	Peter Hase und seine Schweinchenfreunde
Die Geschichte von Samuel Whiskers	Peter Hase und seine Waldfreunde
Die Geschichte von den Flopsy Häschen	Peter Hase Weihnachtspostkarten
Die Geschichte von Ginger und Pickles	Peter Hase Osterpostkarten - Postkartenbuch
Die Geschichte von Frau Kleinmaus	NOTIZBÜCHER:
Die Geschichte von Timmy Zehenspitzen	Das Peter Hase Notizbuch
Die Geschichte von Herrn Todd	Beatrix Potter wünscht "Frohe Ostern!" Notizbuch
Die Geschichte von Pigling Bland	Beatrix Potter wünscht "Fröhliche Weihnachten!" Notizbuch
Die Geschichte von Johnny Stadtmaus	Beatrix Potter wünscht "Alles Gute zum Geburtstag!" Notizbuch
Appley Dapplys Kinderreime	Beatrix Potter wünscht "Gute Besserung!" Notizbuch
Cecily Parsleys Kinderreime	Beatrix Potter wünscht "Ein gutes neues Jahr!" Notizbuch
Die Geschichte vom kleinen Schwein Robinson	Die Waldfreunde von Peter Hase Notizbuch
Die Geschichte von den drei kleinen Mäusen	Das Benjamin Häschen Notizbuch
Die Geschichte von der Hasen Weihnachtsfeier	Das Jeremy Fischer Notizbuch
Die Geschichte von Herrn Todd und dem Storch	Das Jemima Watschelente Notizbuch
Die Geschichte von der verschlagenen alten Katze	Das Herr Todd Notizbuch
Die Geschichte von der alten Wandpenduluhr	Das Frau Kleinmaus Notizbuch
Die Geschichte von der treuen Taube	Das Eichhörnchen Nutkin Notizbuch
Die Zauberkarawane (Erscheinung geplant für Sept/Okt 2018)	Das Frau Tiggy-Winkle Notizbuch
Schwester Anne (Erscheinung geplant für Sep/Okt 2018)	Das Tom Kätzchen Notizbuch
NEUE GESCHICHTEN MIT PETER HASE:	Das Timmy Tiptoes Notizbuch
Die Geschichte von Peter Hase und seiner Mama	AUSMALBÜCHER:
Die Geschichte von Peter Hase und seinem Papa	Peter Hase Ausmalbuch
Die Geschichte von Peter Hase und Sammy Eichhörnchen	Beatrix Potter Ausmalbuch Teil 1
Die Geschichte von Peter Hase und Jimmy Backenhörnchen	Beatrix Potter Ausmalbuch Teil 2
Die Geschichte von Peter Hase und die Feen	Beatrix Potter Ausmalbuch Teil 3
Die Geschichte von Peter Hase beim Zirkus	Beatrix Potter Ausmalbuch Teil 4
Die Geschichte von Peter Hase auf dem Bauernhof	Beatrix Potter Ausmalbuch Teil 5
Die Geschichte von Peter Hase und dem Weihnachtsmann	Beatrix Potter Ausmalbuch Teil 6
Die Geschichte von Peter Hase und der Teeparty	Beatrix Potter Ausmalbuch Teil 7
Die Geschichte von Peter Hase auf dem Meer	Beatrix Potter Ausmalbuch Teil 8
Die Geschichte von Peter Hase in der Schule	Beatrix Potter Ausmalbuch Teil 9
Der Peter Hase Geburtstagskalender	Beatrix Potter Ausmalbuch Teil 10
CLIPART BÜCHER:	SONSTIGES:
Beatrix Potter 99 Cliparts Buch Teil 1	Das Peter Hase Passwortbuch
Beatrix Potter 99 Cliparts Buch Teil 2	
Beatrix Potter 99 Cliparts Buch Teil 3	
Beatrix Potter 99 Cliparts Buch Teil 4	